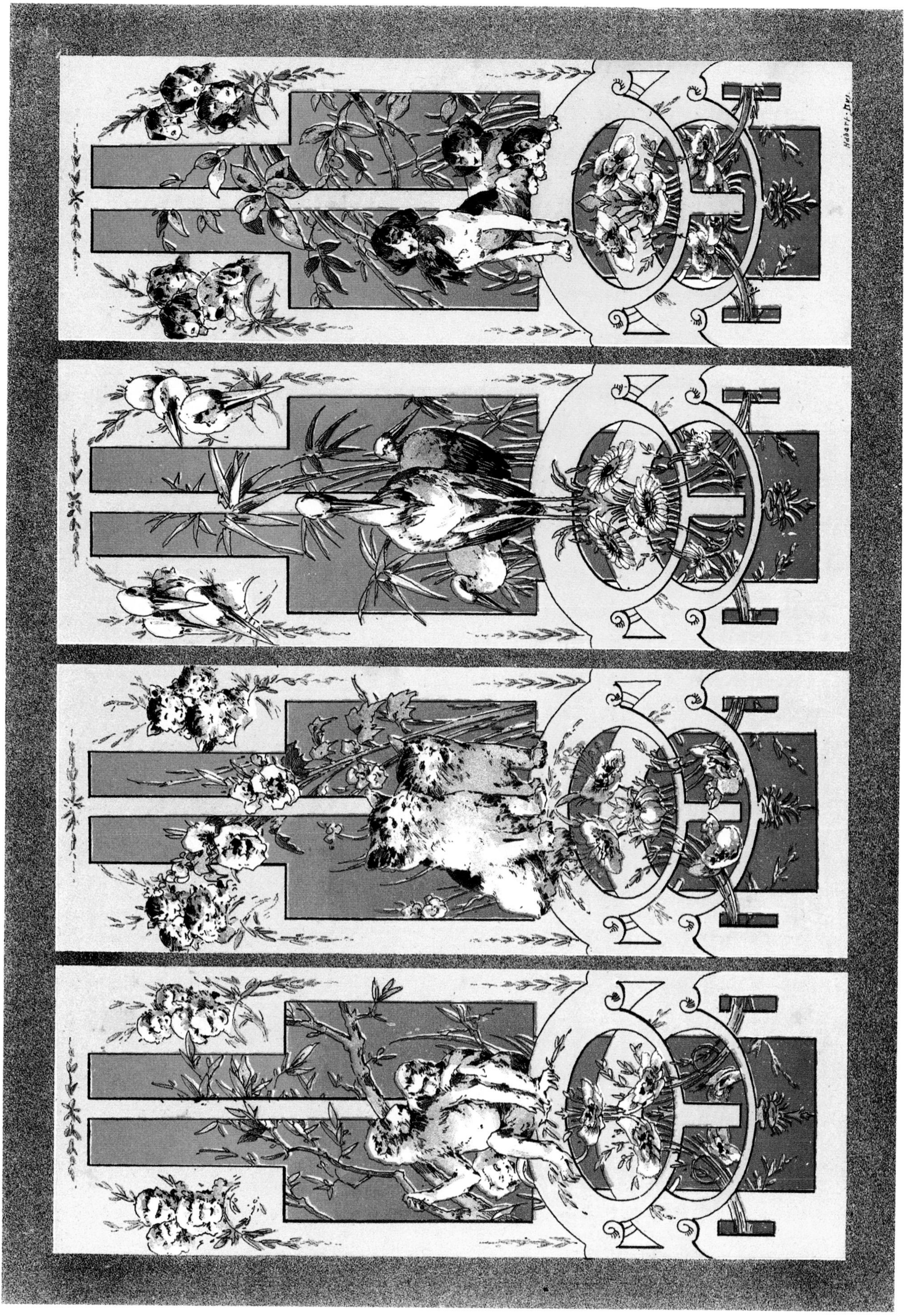

Habert-Dys.

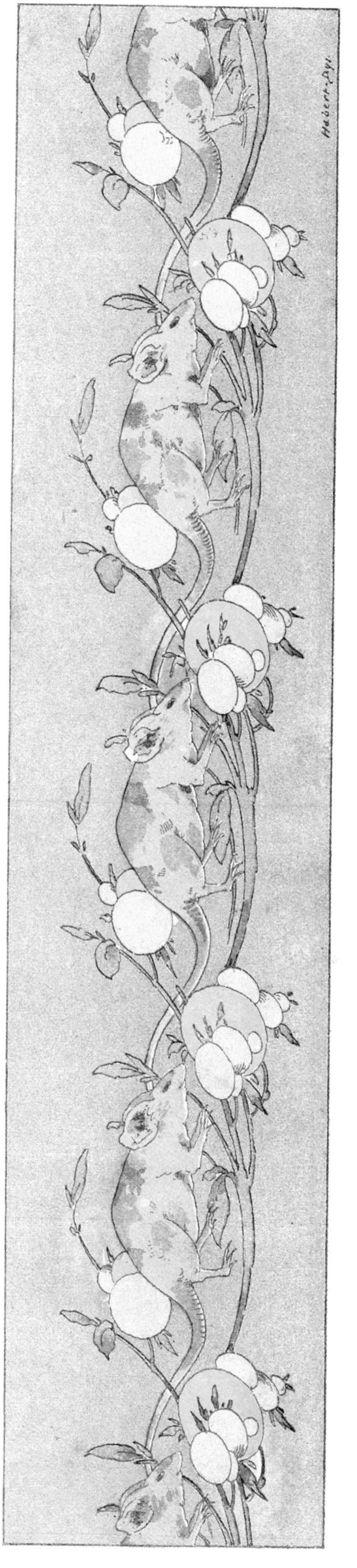

Habert-Dys

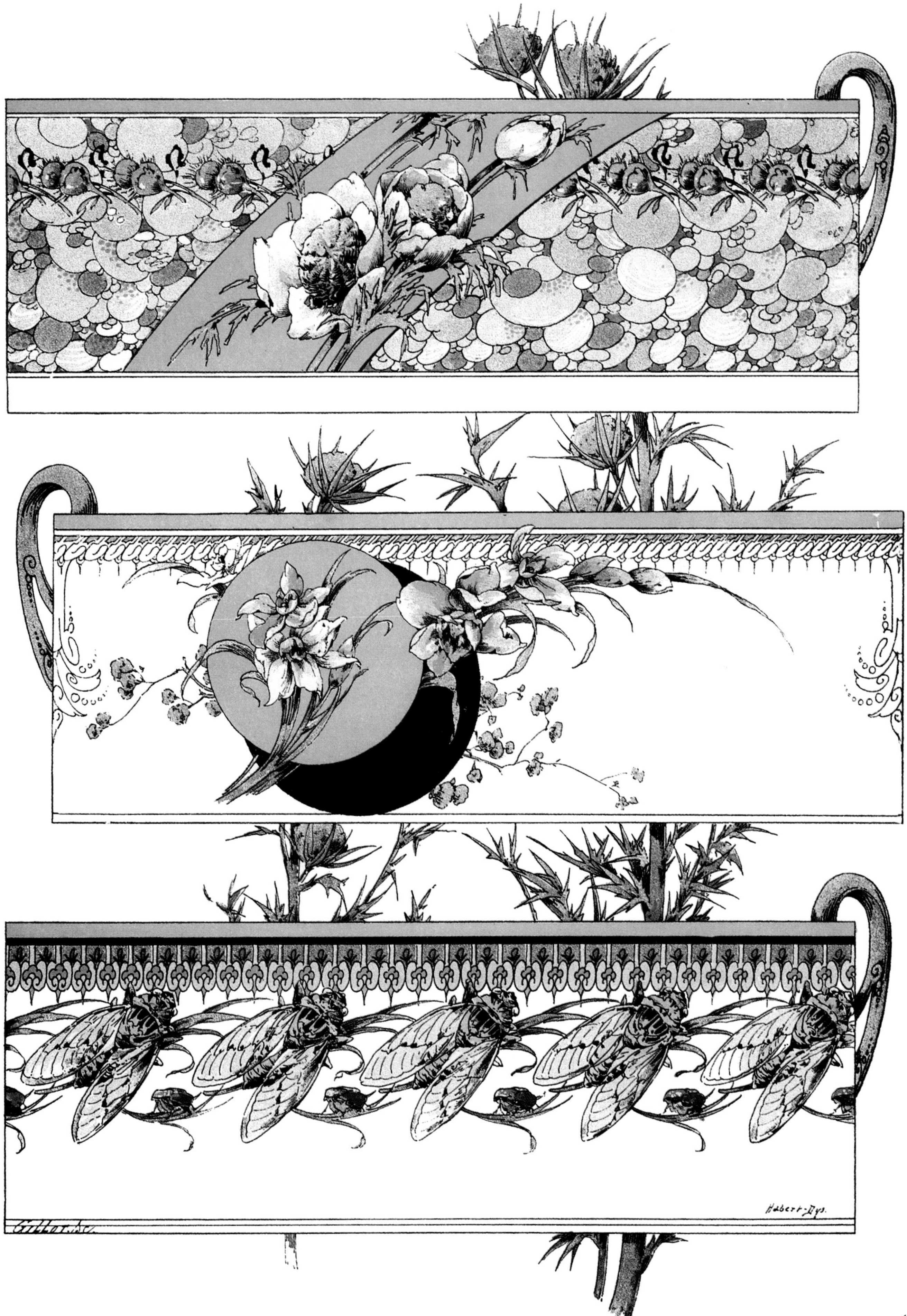
Habert-Dys.

Gillot. sc.
Habert-Dys.

Rabert-Ilys.

Habert-Dys.

Habert-Dys.

Hubert-Dys.

Habert-Dys.

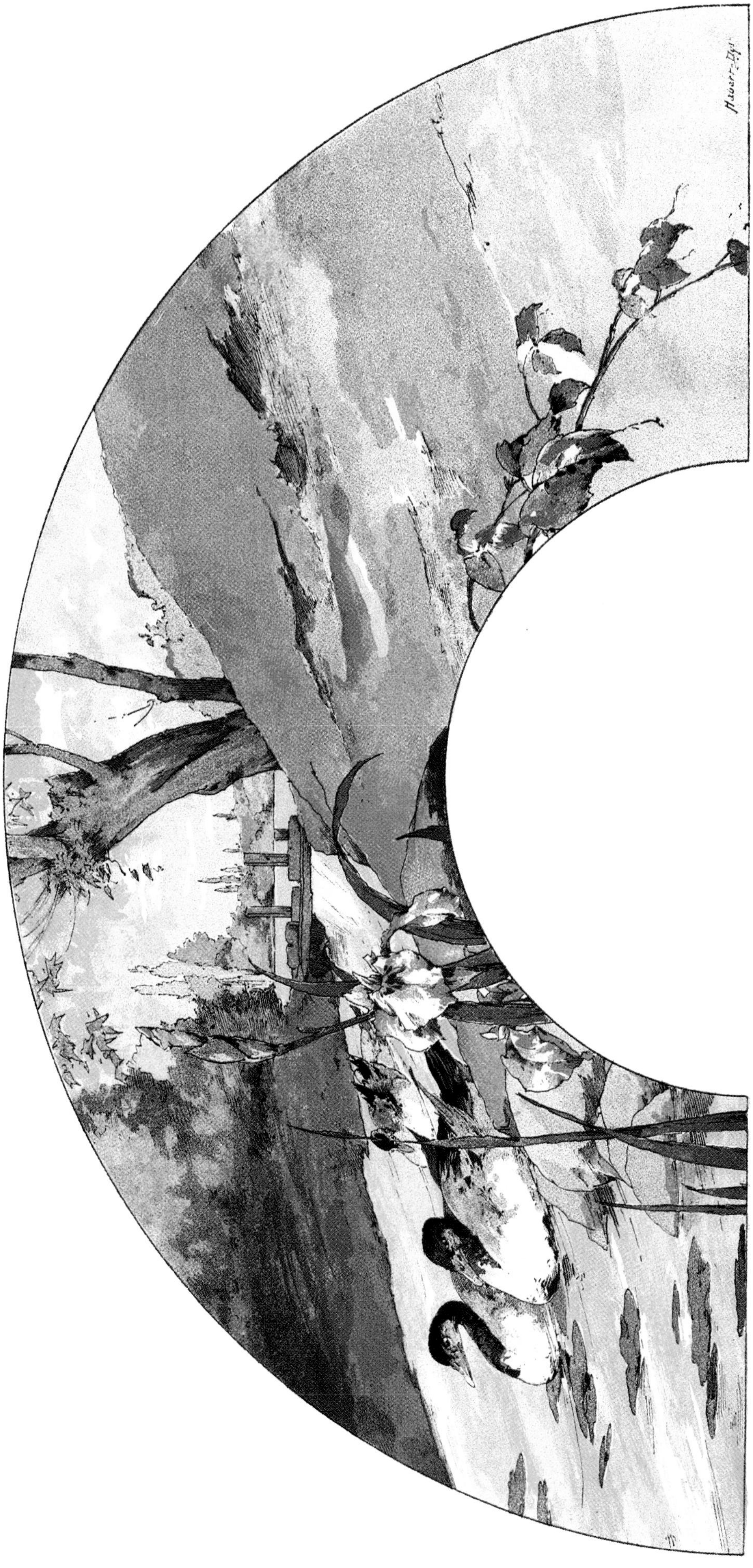

Habert-Dys.

Hubert-Dys.

Hébert-Dys.

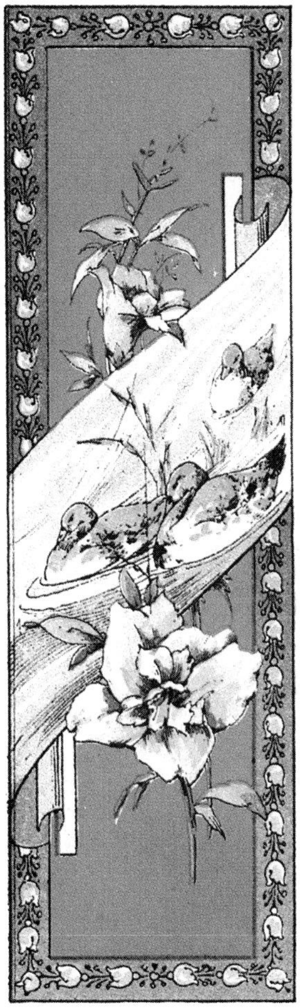

Habert-Dys.

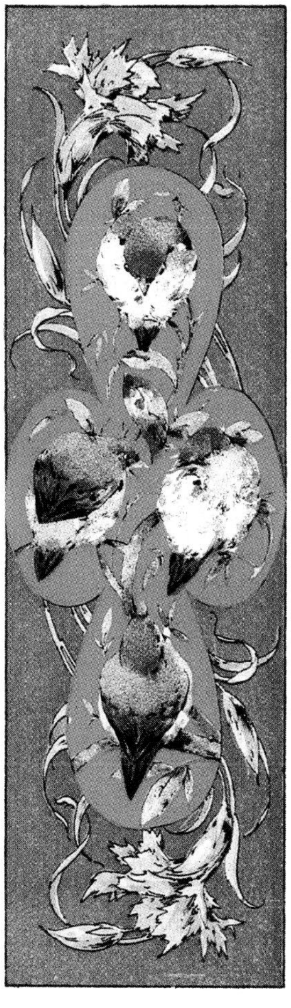

Habert-Dys.

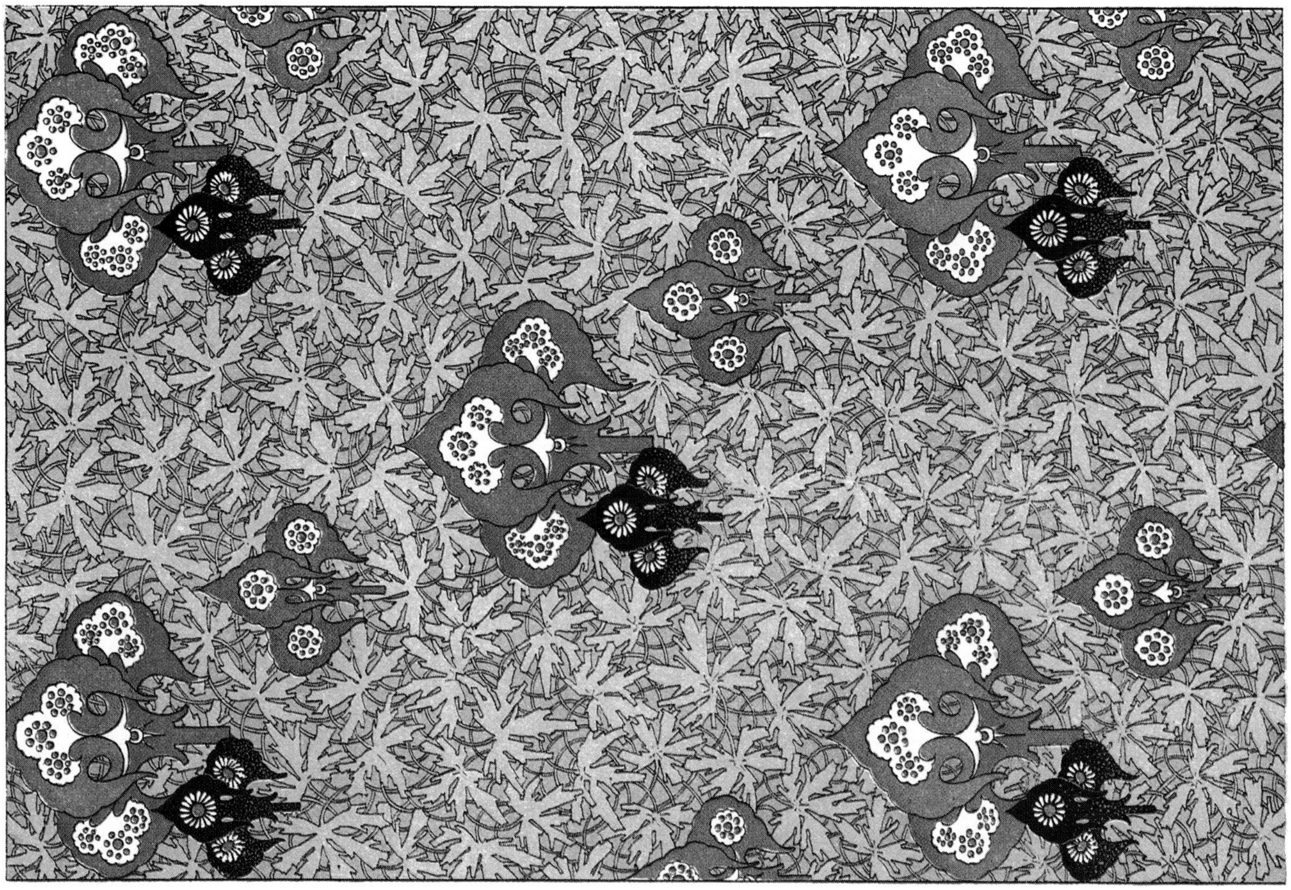

Habert-Dys.

Habert-Dys.

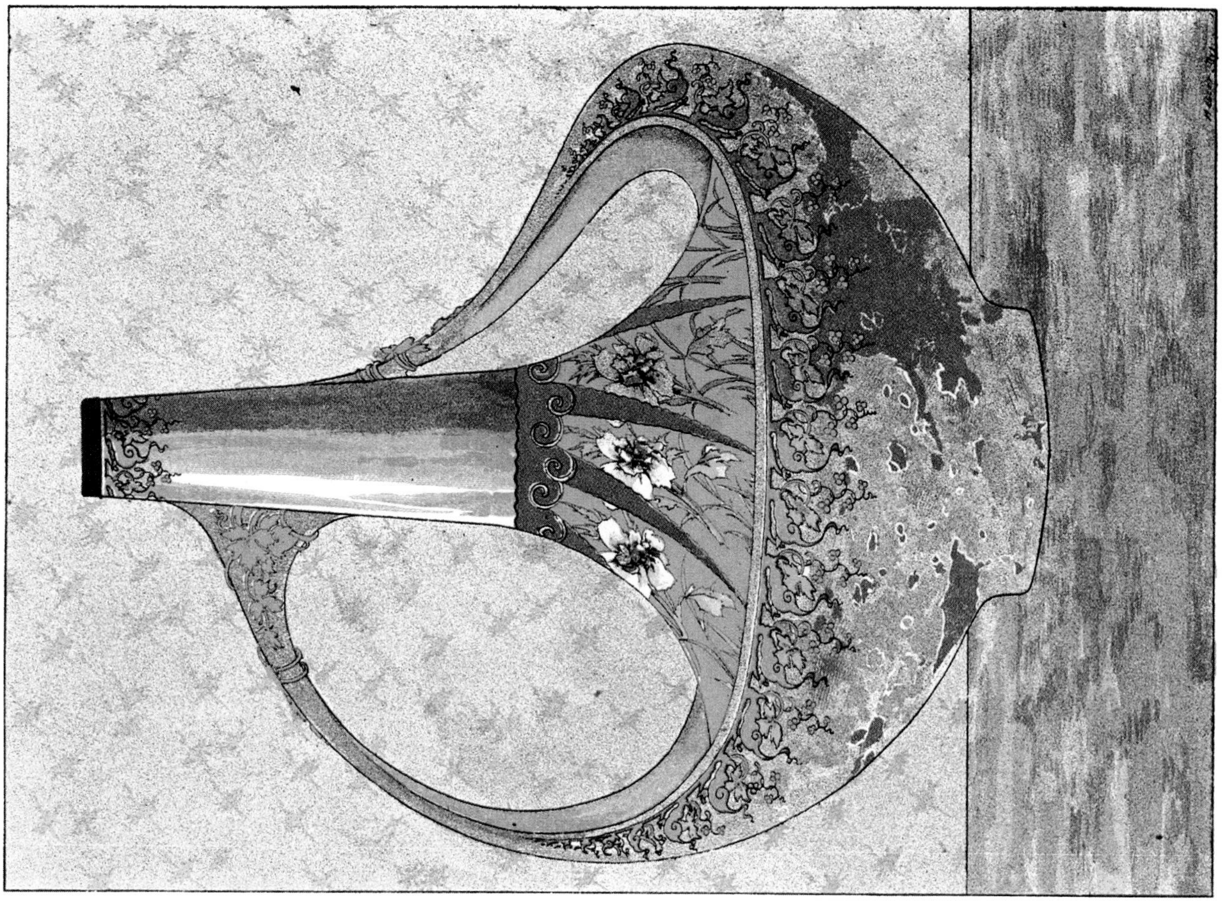

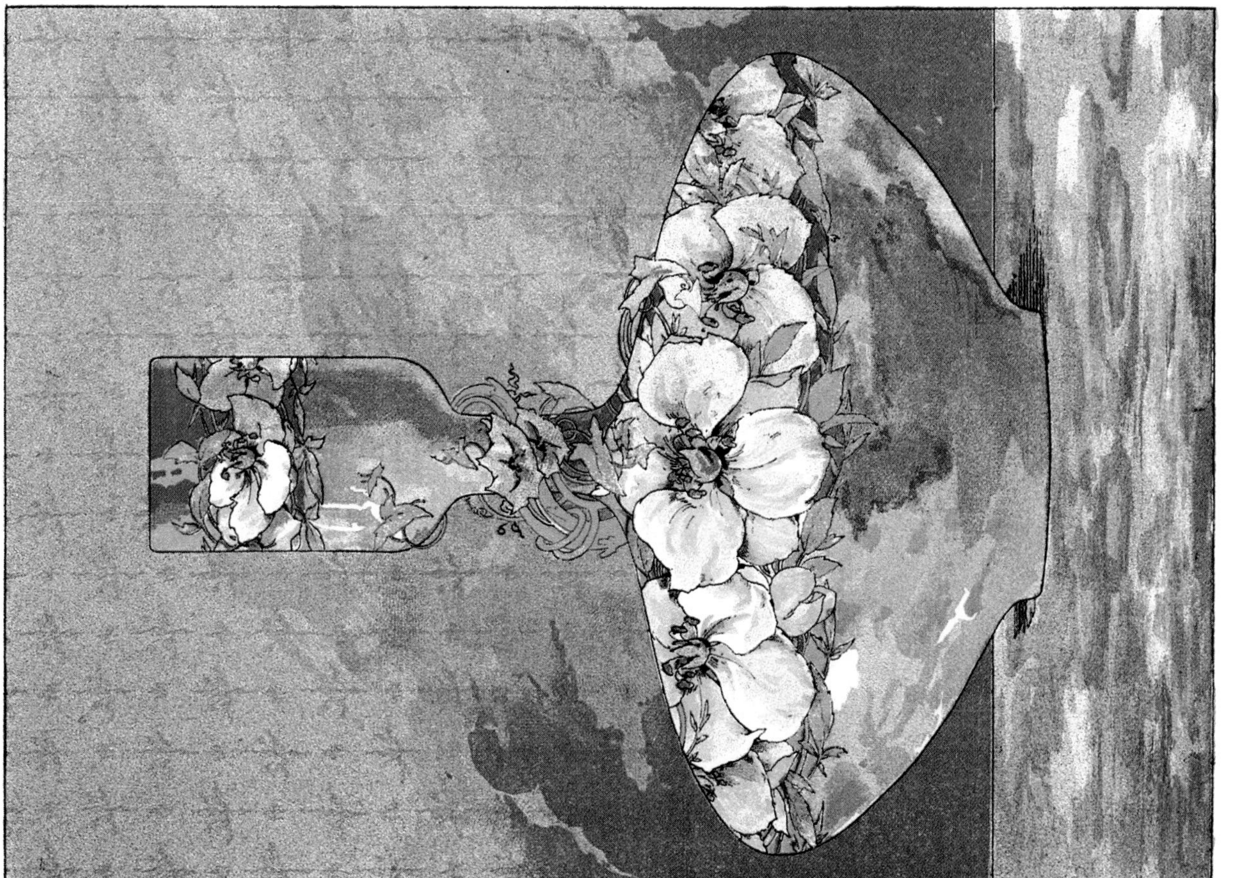

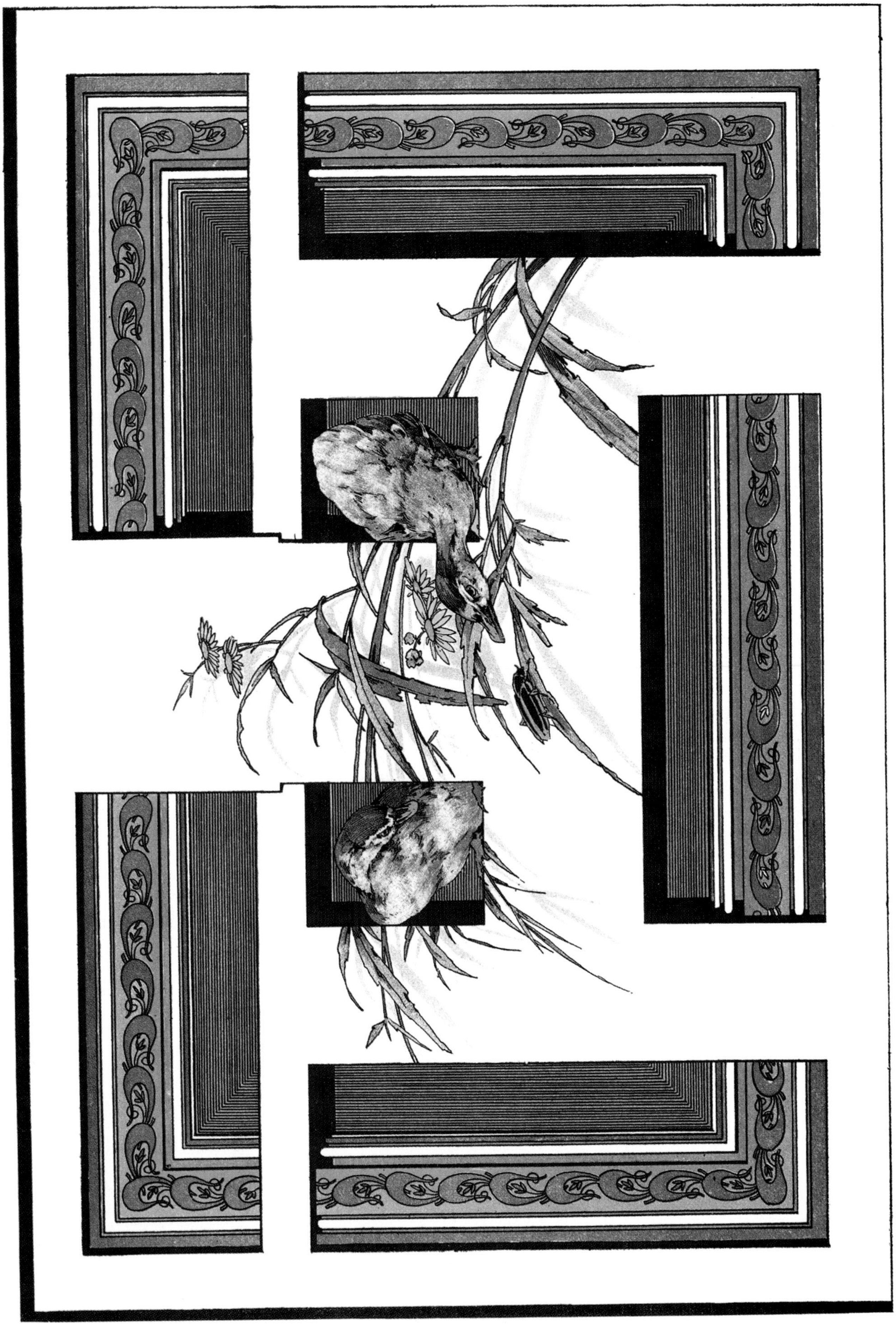